Original en couleur

NF Z 43-120-8

DISCOURS

PRONONCÉ PAR

M. WALLON

SÉANCE DU 24 JUILLET 1884

DISCUSSION

DU

PROJET DE RÉSOLUTION

TENDANT A LA

RÉVISION PARTIELLE DES LOIS CONSTITUTIONNELLES

PARIS

IMPRIMERIE DU JOURNAL OFFICIEL

31, QUAI VOLTAIRE, 31

—

1884

DISCOURS

PRONONCÉ PAR

M. WALLON

SÉANCE DU 24 JUILLET 1884

DISCUSSION

DU

PROJET DE RÉSOLUTION

TENDANT A LA

RÉVISION PARTIELLE DES LOIS CONSTITUTIONNELLES

PARIS

IMPRIMERIE DU JOURNAL OFFICIEL

31, QUAI VOLTAIRE, 31

1884

DISCOURS

PRONONCÉ PAR

M. WALLON

Séance du 24 Juillet 1884

MESSIEURS,

S'il ne s'agissait que d'introduire des réformes dans la Constitution de 1875, j'en laisserais volontiers l'examen à d'autres ; mais ce ne sont pas seulement ses dispositions qu'on attaque ; ce sont ses intentions qu'on incrimine. L'exposé des motifs, le rapport à la Chambre des députés, la discussion à la tribune — sans parler de la presse — sont pleins ou d'insinuations malveillantes ou d'accusations directes à cet égard. Il est donc juste que chacun revendique sa part de responsabilité, et cela me donne peut-être le droit de me mettre en avant un peu

plus que je ne l'aurais voulu faire en toute
autre circonstance.

Il y a trois lois constitutionnelles qui sont
toutes trois atteintes par le projet de revision : la loi du 25 février 1875 sur l'organisation des pouvoirs publics ; la loi du 24 février
sur le Sénat et la loi du 14 juillet sur les rapports des pouvoirs publics.

Cette dernière loi a été présentée par M.
Dufaure au nom du cabinet dont j'avais l'hon-
neur d'être membre avec lui ; la loi du Sénat
a été préparée dans un comité de représen-
tants dont plusieurs sont encore ici et sau-
ront, au besoin, se joindre à moi pour la défen-
dre. Quant à la loi du 25 février, elle est sortie
tout entière d'un contre-projet que j'ai signé
seul et qui l'a emporté sur le projet présenté
par la commission des Trente ; c'est de celle-
là que j'ai particulièrement à répondre.

La loi du 25 février, si on laisse de côté quelques dispositions transitoires, se réduit à quatre
points : le pouvoir législatif partagé entre
deux Chambres ; — mais c'est un article de la
commission qui était accepté par tout le
monde ; — le pouvoir exécutif remis, dans les
conditions du régime parlementaire, à un
Président nommé par les deux Chambres
réunies en Congrès, nommé pour sept ans et
rééligible. Et les deux clauses sur la dissolution et la révision : droit du Président de la
République de dissoudre la Chambre des dé-

putés sur l'avis conforme du Sénat ; droit aux deux Chambres de reviser les lois constitutionnelles en congrès d'après des délibérations prises séparément par chacune d'elles.

Voilà toute la loi. Quel en était l'objet ? C'était de substituer au provisoire, qu'on voulait organiser, un Gouvernement définitif, et ce Gouvernement définitif, c'était la République. Et pourtant, on l'accuse d'être monarchique ; on y veut voir je ne sais combien de pièges et d'embûches. Je demande où sont ces pièges et j'espère qu'on viendra les montrer à cette tribune. S'il y a des pièges, d'ailleurs, c'est bien le moment de les mettre à découvert et le projet qui nous est apporté va en faire justice. Prenons donc les articles les uns après les autres, et voyons les méfaits que l'on entend réformer.

Ce n'est pas assurément dans l'article 2 que résident ces griefs, car cet article n'est pas compris dans le projet de revision. Et pourtant, c'est bien celui-là qu'on pourrait accuser d'avoir un caractère monarchique. Un Président nommé pour sept ans et rééligible ; la loi lui donne la durée d'un règne et les pouvoirs d'un roi ! Mais c'est, je crois, le plus grand service qu'on ait pu rendre à la République. La France, en effet, n'a pas traversé quatorze siècles de monarchie sans attacher un intérêt tout particulier à la stabilité du pouvoir exécutif.

Ce qui effrayait surtout dans les souvenirs
de la République, c'était le caractère mal défini et la mobilité de ce pouvoir. Notre loi lui
donne force et durée et, par la forme même de
la nomination du président, elle assure l'indépendance et l'harmonie entre les pouvoirs publics, sans troubler un instant la tranquillité
du pays.

En Amérique, le Président est nommé pour
quatre ans. Un an avant, un an après l'élection,
lorsqu'il y a changement de pouvoir, le pays est
troublé. Deux ans d'agitation sur quatre ! En
France, le passage d'un Président à un autre
se fait plus vite et fait moins de bruit qu'un
simple remaniement ministériel. La preuve
est faite et l'institution est appréciée, je crois.
L'homme éminent qui l'a autrefois attaquée
avec le plus d'autorité à l'Assemblée nationale peut juger aujourd'hui par expérience
que cette institution a du bon ; j'oserai dire
que ce qu'elle a de bon serait meilleur si elle
avait été appliquée un peu moins selon l'esprit
de l'amendement qui avait autrefois demandé
qu'on la supprimât.

Le Gouvernement a donc bien fait de ne
point toucher à l'article 2. C'est la pierre angulaire de la Constitution. Le premier article
visé, c'est l'article 5, l'article concernant la
dissolution ; et l'on n'en vise qu'un seul paragraphe, le paragraphe 3, qui détermine le
délai dans lequel, après une dissolution, une

Assemblée nouvelle devra être convoquée. Ainsi le droit de dissolution lui-même est respecté. On se rappelle les orages que l'application en avait suscités au 16 mai. Après le retour triomphal des 363, il n'était question que de réunir immédiatement le Congrès pour l'abolir. On y a renoncé. On a aujourd'hui absolument tenu l'article à l'écart ; serait-ce par égard pour ce que le rapporteur de la Chambre des députés a dit à ceux qui demandaient de le supprimer :

« Qu'allez-vous faire ? Vous allez demander au Sénat de consentir des sacrifices très réels sur ses attributions et son organisation. Si, en outre, vous lui enlevez le droit de dissolution, que lui restera-t-il ?

« *M. Georges Perin.* Il lui restera d'exister. C'est déjà beaucoup. »

Je réponds que c'est trop, s'il devait exister sans ses attributions essentielles, car ce ne serait véritablement qu'un Sénat à l'engrais.

M. Audren de Kerdrel. Très bien !

M. Wallon. Le droit de dissolution a donc été maintenu, et il ne pouvait en être autrement sous le régime parlementaire. La Chambre des députés n'étant pas une Assemblée souveraine, il faut, s'il y a conflit, qu'il y ait appel à la nation. Sous la monarchie, ce droit appartient au roi ; dans une République, fallait-il le donner aussi absolu au Président ? On a pensé qu'il convenait, dans ce cas, d'accorder plus de garanties à la représentation nationale, et c'est pourquoi il a été dit que le Président de la République ne pourrait dissoudre la Chambre des députés que sur l'avis conforme du Sénat. Mais est-ce que cela veut dire que le Sénat a le droit de dissoudre la Chambre des députés? On a voulu le persuader au public pour jeter de l'odieux sur le Sénat. Il n'en est rien. Ce droit n'est pas un privilège pour le Sénat, mais une garantie pour la Chambre des députés. Si on l'ôtait au Président de la République, le Sénat ne le revendiquerait assurément pas pour lui-même. J'ai dit qu'on ne pouvait l'ôter au Président; j'ajoute que la Chambre des députés peut y avoir intérêt. On ne voit que le cas de conflit; il y en a un autre: c'est celui où la Chambre souhaiterait que la dissolution eût lieu afin de procéder à des élections générales avant l'expiration des quatre années fixées pour sa durée. Dans ce cas-là, comme elle n'est pas souveraine, elle ne peut pas se dissoudre; il faut qu'elle s'adresse au Président, qui, avec l'avis conforme du Sénat, peut lui donner satisfaction. On a donc bien fait de maintenir cet article 5. Pourquoi le revise-t-on? C'est uniquement pour établir que le délai de trois mois doit être entendu, non pas de la convocation de la Chambre nouvelle, mais de sa réunion — différence : vingt jours; — cela n'en valait pas beaucoup la peine.

Mais j'arrive à l'article 8. S'il y a des pièges

dans la Constitution de 1875, c'est évidemment là qu'on va les trouver. La revision par l'article 8 est conçue dans les termes les plus larges. M. Dufaure aurait voulu qu'on imposât un certain intervalle à la revision : sept ans, et qu'on ne pût y procéder qu'à la majorité des trois quarts des voix. J'ai combattu ses idées, et je l'ai emporté. Point de délai fatal, ni de majorité de convention. Un terme fixe peut avoir pour effet d'irriter les impatiences, et, quand il est venu, on se précipite vers la revision aveuglément; on revise quand même, de peur qu'une nouvelle période venant à courir la révision ne soit écartée d'autant.

Quant à une majorité de convention, elle peut avoir pour résultat de tenir en échec la volonté nationale devant une minorité réelle, et par là de donner prétexte à des mouvements populaires ou à des tentatives ambitieuses.

Notre histoire, messieurs, nous montre, en effet, les inconvénients de ces mesures.

L'Assemblée constituante, qui avait proclamé le droit imprescriptible d'une nation à reviser sa constitution, avait décidé que cette révision ne pourrait se faire que si elle était votée uniformément par deux législatures et qu'elle ne pourrait s'accomplir que par la troisième. Précisant cette disposition dans un article, elle disait: « La prochaine législature et la suivante ne pourront proposer la réforme d'aucun article constitutionnel. » La prochaine législature fut l'Assemblée législative de 1791 à 1792, qui renversa la monarchie, et l'Assemblée suivante fut la Convention ; c'est dire combien les précautions de la Constituante ont été inutiles. De nos jours, l'Assemblée de 1848 avait aussi imposé des règles à la révision :

« Le vœu exprimé par l'Assemblée ne sera converti en résolution définitive qu'après trois délibérations successives prises chacune à un mois d'intervalle et aux trois quarts des voix. »

La révision demandée pour permettre la réélection du Président fut votée aux deux tiers des voix, et repoussée par conséquent, puisqu'elle n'avait pas obtenu les trois quarts des suffrages exigés par la Constitution.

Qu'arriva-t-il ? Le Prince-Président fit le coup d'Etat du 2 décembre.

Ni coup d'Etat, ni révolution, telle a été la pensée de la loi. L'idéal pour moi, c'est que la révision puisse toujours se faire et ne se fasse jamais; je citerai pour modèle la Belgique. Elle a inscrit le droit de révision dans sa constitution et, depuis cinquante ans qu'elle existe, elle n'en a pas usé. Il est vrai que nous n'avons pas la constitution de la Belgique.

En soumettant l'article 8 à la révision, le Gouvernement ne propose d'établir ni un délai quelconque, ni une majorité autre que la majorité ordinaire, et je l'approuve. La question qui l'a préoccupé est plus grave ; il s'agissait de savoir quels étaient les droits de l'Assemblée de révision. C'est là le grand débat qui a eu lieu à la Chambre des députés. Pour moi, cette question ne fait aucun doute, et je me prononce très nettement pour la thèse soutenue par M. Gambetta, et reprise par le Gouvernement, contre l'opinion qui a été et qui est encore celle de la Chambre des députés.

Il est certain que la révision peut être à l'avance limitée. L'Assemblée nationale formée des deux Chambres n'est pas une Assemb'ée constituante dans toute la force du mot. Ses pouvoirs sont précisément limités par le mandat qui lui est donné. La spécialité des Assemblées de revision a été uniformément établie par toutes les constitutions en France, et je ne fais que vous citer pour mémoire la Constitution de 1791 (titre VII, art. 7), celle de 1793 (art. 117), celle du 5 fructidor an III, (art. 342) ; enfin celle de 1848, qui dit :

« Lorsque, dans la dernière année d'une législature, l'Assemblée aura émis le vœu que la Constitution soit modifiée en tout ou en partie... »

C'est à cette Constitution que l'article 8 a emprunté textuellement l'expression : « en tout ou en partie. »

On a discuté sur la place de ces mots dans l'article 8. Ils sont, a-t-on dit, non pas dans le premier paragraphe, où il est question de la délibération de chacune des deux Chambres, mais dans le troisième paragraphe, où il s'agit des résolutions du Congrès.

Mais, si la restriction n'était pas implicitement dans le premier paragraphe, il serait bien inutile de l'introduire dans le troisième. Il est trop clair, en effet, que, quand le Congrès est réuni, s'il est souverain, il a le droit de ne pas faire tout ce qu'il peut. Le droit de révision totale ou partielle n'est donc point douteux ; cela a été parfaitement établi à la Chambre des députés par le rapport de M. Méline, et au Sénat par le rapport de M. Laboulaye, lorsque la question du Congrès s'est présentée pour la première fois, à propos du retour à Paris.

Pourquoi donc le Gouvernement a-t-il retenu cet article dans son projet de révision ?

Ce n'est pas pour expliquer ce qu'il dit, c'est pour y mettre une chose qu'il ne dit pas.

Le rapport de la commission du Sénat indique plus clairement quelles sont les intentions du Gouvernement à cet égard (et le Gouvernement l'avait d'ailleurs exprimé à la Chambre des députés) :

« Le paragraphe 3 de l'article 8 de la même loi constitutionnelle, en ce qui touche la question de savoir si le droit de révision peut s'appliquer à la forme républicaine du Gouvernement. »

Cette perpétuité donnée à la forme du Gouvernement est, messieurs, à ce qu'il me semble, une prétention bien monarchique.

Ce n'est pas ainsi que la Constitution de 1791 même avait compris le droit de révision; c'est absolument contraire à ce qu'avait réglé la plus démocratique des constitutions de la France, la Constitution de 1793, non pas celle des girondins, celle des montagnards, celle qui suivit la Révolution du 31 mai, la constitution du 24 juin 1793, qui dit dans sa fameuse Déclaration des droits de l'homme et du citoyen :

« Art. 28. — Un peuple a toujours le droit de reviser, de réformer et de changer sa constitution; une génération ne peut assujettir à ses lois les générations futures. »

Si la République est de droit divin, pourquoi ne pas le proclamer comme M. Madier de Montjau ? L'écrire dans une constitution, c'est lui donner une date et s'exposer à ce qu'on l'efface un jour. Et où l'écrivez vous ? Vous l'écrivez au milieu du dernier article de la loi, auprès d'un paragraphe périmé, mais subsistant, qui dit : « Pendant la durée des pouvoirs conférés par la loi du 20 novembre 1873 à M. le maréchal de Mac-Mahon, cette révision ne peut avoir lieu que sur la proposition du Président de la République. »

Si vous vouliez proclamer ce droit, il aurait

au moins fallu l'inscrire en tête de la loi, au frontispice de la Constitution : « La République française est une, indivisible et impérissable. » La Convention s'était contentée de dire : « La République française est une et indivisible. » Le mot « impérissable » a été ajouté au titre officiel de la République par les jacobins, c'est-à-dire par ceux qui ont le plus contribué à la faire périr.

Cette addition, messieurs, me semble, je vous l'avoue, puérile. Il est trop clair que ce qu'un congrès aura fait, un autre congrès pourra le défaire. (Très bien ! à droite.) Le jour où il y aura deux Chambres disposées à changer la forme du Gouvernement, que feront-elles ? elles déclareront votre nouvel article 8 revisable ; elles le reviseront et passeront outre.

Vous n'aurez donc, permettez-moi de le dire, que le ridicule d'avoir voulu disposer, contre la volonté nationale, d'un avenir qui n'est pas à vous. (Nouvelles marques d'approbation sur les mêmes bancs.)

La loi du 25 février, messieurs, est donc très peu atteinte dans le projet de révision ; l'article 2, on n'y touche pas ; c'est l'article fondamental de la Constitution de 1875 : tant qu'il subsiste, la Constitution gardera sa marque d'origine.

L'article 5, on n'y touche que pour abréger un délai de vingt jours, et l'article 8, pour déclarer la République impérissable, ce qui ne la fera pas vivre un jour de plus.

On ne touche donc vraiment pas à la loi du 25 février 1875. Il en est tout autrement de la loi du 24 février, relative au Sénat. Ici, tout est remis en question : l'organisation du Sénat, ses attributions, tout, sauf son existence, — ce qui est déjà beaucoup au gré de M. Perin ; — c'est une révision totale du Sénat.

Avant d'aller plus loin, permettez-moi, messieurs, de m'étonner... (Bruit de conversations.)

M. le président. Veuillez faire silence, messieurs.

M. Wallon. J'arrive, messieurs, aux questions tout à fait essentielles sur lesquelles le Sénat est appelé à se prononcer et que, par conséquent, il importe, je pense, d'examiner de près. Je dis qu'avant d'aller plus loin je puis bien m'étonner de l'usage qu'on prétend faire de cet article 8 pour la révision.

Les conditions de la procédure de révision établie par l'article 8 sont des plus simples et des plus rapides. Prenons l'exemple du retour à Paris. Si cette question avait dû être résolue en vertu de la Constitution de 1791, il aurait fallu qu'une première Assemblée en fût d'avis, qu'une seconde donnât un avis conforme, et ce n'eût été qu'à la troisième que la question eût été résolue; c'est-à-dire que la question posée à l'époque de l'Assemblée constituante aurait été résolue sous le Directoire.

Avec la Constitution de 1848, il aurait fallu attendre la dernière année de la législature, trois délibérations à un mois d'intervalle, et alors c'eût été un simple vœu que l'Assemblée suivante aurait été chargée d'exécuter.

Il n'en a pas été de même avec la Constitution actuelle; chacune des deux Chambres a délibéré; elles se sont transmis leurs délibérations; elles se sont réunies en Congrès; en un jour, l'affaire pouvait être finie.

Mais, plus la procédure est prompte et simple, plus il est clair qu'il n'est possible de l'appliquer que lorsqu'on est parfaitement d'accord sur le fond.

Comment peut-on admettre que, sous le régime des deux Chambres, lorsque, pour les moindres lois, il faut le vote conforme de chacune d'elles, les lois les plus importantes, les lois constitutionnelles, quand elles sont contestées, soient soumises à la décision d'une seule Assemblée? C'est une observation qui a été faite dans la commission, et elle est saisissante. J'ajoute de plus : comment veut-on que des questions qui touchent l'existence même du Sénat, son organisation, ses attributions, soient résolues souverainement dans une Assemblée où le Sénat ira les discuter à un contre deux?

Un sénateur. Voilà le fond de l'affaire !

M. Wallon. Il est évident que cela ne pouvait tomber dans l'esprit de personne ; croire que le Sénat puisse consentir à s'annihiler de la sorte, c'est vraiment lui supposer un aveuglement, — je ne veux pas prendre un autre mot, — que, certainement, il n'a pas donné lieu de lui reprocher.

Mais, dira-t-on, c'est la Constitution qui le veut ainsi.

Non ! s'il s'agit d'opérer de si graves changements dans la Constitution, il existe un autre procédé, et c'est le seul que l'on puisse suivre ; il a été indiqué par un député, M. Anatole de La Forge : c'est de réunir les deux Chambres en Congrès, pour décider que l'on convoquera une Assemblée constituante. Là, il n'y aura plus ni députés, ni sénateurs, mais des législateurs tous au même titre et de même origine qui pourront, avec plus de liberté et d'indépendance, discuter s'il doit y avoir toujours deux Chambres ; et, les deux Chambres étant conservées, s'il y a lieu de faire des changements dans leur organisation ou dans la répartition des pouvoirs.

Mais demander au Sénat de consentir à ces grands sacrifices dont parlait M. le rapporteur de la Chambre des députés, avec cette belle compensation d'avoir le droit de s'opposer à ce que la Chambre soit dissoute, évidemment cela ne peut pas être admis ; et, quelque désir que nous puissions avoir de répondre aux avances de l'honorable M. Clémenceau, disant : Je voudrais rencontrer les sénateurs ailleurs que dans les tribunes, les voir de près, face à face ! on peut lui remontrer humblement que, sur ce terrain où il nous provoque, nous serions un centre deux : il est de sa loyauté de ne pas nous offrir la bataille sur ce pied-là. (Très bien ! très bien ! au centre.)

Le Gouvernement ne veut pas, sur tous les points, du moins, rendre le pays témoin de cette lutte inégale. Ce n'est pas à Versailles, c'est dans les arènes de Nîmes qu'il faudrait aller pour donner le spectacle d'un tel égorgement. (Rires approbatifs sur les mêmes bancs.)

M. Baragnon. Nous vous les offrons ; quand vous voudrez !

M. Wallon. Le ministère ne livre le Sénat que sur l'article 8 ; il réserve les articles 1 à 7, qui touchent à l'organisation de cette Assemblée ; il demande que ces articles soient détachés de la Constitution pour faire l'objet d'une loi particulière. Il l'a demandé à la Chambre des députés, et il ne l'a pas expressément obtenu. La commission a refusé de se prononcer ; le rapporteur a déclaré à la Chambre que c'étaient des vues du Gouvernement dans lesquelles on n'avait pas voulu entrer ; et M. le président du conseil lui-même, à la Chambre des députés, a dit que c'était une procédure qu'il proposait là ; que, si la Chambre voulait agir autrement, elle le pourrait faire, qu'elle pourrait retenir les articles 1 à 7, et, par conséquent, en faire ce qu'elle voudrait.

Il en résulte, messieurs, qu'avec ce libellé de la Chambre des députés accepté par le Gouvernement, les articles 1 à 7 étant soumis aux délibérations du Congrès, le Congrès pourrait dire : Je les retiens ; je résous la question par moi-même, et je la résous en un article : Le Sénat et la Chambre des députés sont nommés par les mêmes électeurs. Ce qui serait la dissolution immédiate du Sénat.

Votre commission, messieurs, a bien vu le péril et elle n'a pas voulu vous y exposer. D'abord, elle a retenu l'article 1er, celui qui établit le cadre du Sénat ; elle ne le soumet pas à la revision, et ce cadre s'imposera à toute loi électorale du Sénat que l'on voudra faire.

Quant aux articles suivants, qui entrent dans les détails, les articles 2 à 7, elle ne les soumet à la revision que sous cette réserve expresse : la revision ne portera que sur la question de savoir s'ils seront, oui ou non, distraits des lois constitutionnelles.

Je trouve, messieurs, qu'elle n'a pas été assez loin, et que tous les articles de 1 à 7 auraient dû rester dans la Constitution.

L'organisation du Sénat est une chose essentiellement constitutionnelle, si bien qu'en 1875 le vote de la loi relative à l'organisation des pouvoirs publics a été suspendu jusqu'à ce que la loi qui regardait le Sénat, et qui n'en était qu'un corollaire, eût été définitivement adoptée ; c'est ainsi que, bien que postérieure par l'ordre des matières, elle est datée du 24 février, tandis que l'autre l'est du 25.

Je pense donc que la loi tout entière aurait dû rester constitutionnelle, et je pourrais l'établir en entrant dans l'examen des articles, mais je m'en abstiens ici ; cela pourra revenir au cours de la discussion. En attendant, je trouve que la commission du Sénat a parfaitement fait d'introduire des réserves, non pas dans les considérations générales de l'exposé des motifs, mais dans le dispositif de la loi. Je veux en reproduire le texte :

« Les articles 2 à 7 de la loi constitutionnelle du 24 février 1875, en ce qui touche la question de savoir s'ils seront, oui ou non, distraits de la loi constitutionnelle. » Si oui, ils feront l'objet d'une loi spéciale librement discutée par chacune des deux Chambres; si non, ils resteront dans la Constitution et le Congrès n'aura plus rien à y voir.

Si je loue la commission de cette résolution, je la loue bien plus encore de celle qu'elle a prise à l'égard de l'article 8. Elle a refusé absolument de le soumettre à la révision. Et en effet, messieurs, pourquoi y eût-il été soumis? Renferme-t-il quelque chose d'obscur?

« Le Sénat a, concurremment avec la Chambre des députés, l'initiative et la confection des lois. Toutefois, les lois de finances doivent être en premier lieu présentées à la Chambre des députés et votées par elle. »

On ne peut pas dire plus clairement et en termes plus nets que les deux Chambres ont un droit absolument égal en ce qui touche la confection des lois, laissant à la Chambre des députés la priorité pour les lois de finances : privilège considérable, messieurs ! car qui fait le premier le budget en est vraiment le maître, et la Chambre qui vient après n'a plus que très peu de modifications à y introduire.

Mais la Chambre des députés n'a pas trouvé que ce fût assez, et, dès le commencement, elle a élevé la prétention d'être souveraine en matière de lois de finances. Vous vous rappelez la discussion qui a eu lieu à cet égard en 1876 entre MM. Jules Simon, président du conseil, et Gambetta, à la Chambre des députés. M. Gambetta prétendait que, si l'on avait adopté le projet de loi rapporté par M. Antonin Lefebvre-Portalis, qui disait que les lois seraient « présentées d'abord à la Chambre des députés », il n'y aurait pas eu de difficulté ; mais que, dans notre projet, qui était devenu la loi, ces mots : « ... présentées en premier lieu à la Chambre des députés et votées par elle, » donnaient à la Chambre ce droit souverain. C'était véritablement jouer sur les mots. Les différentes constitutions qui ont réglé le vote des lois de finances se sont servies d'expressions diverses. Dans la charte de 1814, on dit « adressé » ; dans celle de 1830, « voté » ; dans le sénatus-consulte de 1870, également « voté » ; dans le projet de M. Thiers, en 1873, « soumis ». Nous, nous avons dit « présentée et votée » : nous avons joint les deux termes. Mais pourquoi ? C'était pour donner plus de force encore à l'expression, c'était pour éviter tout subterfuge et pour qu'on ne pût pas dire : la loi a été présentée à la Chambre des députés ; si la Chambre des députés traîne en longueur, si elle y met du mauvais vouloir, eh bien, nous la présenterons au Sénat qui pourra la voter, et par ce vote nous pèserons sur la Chambre.

Je crois, à vrai dire, qu'aucun gouvernement n'aurait eu cette pensée ; mais, en tous cas, ces expressions « présentées et votées » en auraient rendu la réalisation absolument impossible.

La Chambre des députés a donc la priorité, et c'est beaucoup. Mais quand une loi de finances a été votée par elle et apportée au Sénat, celui-ci garde sur la loi tout son droit de législateur ; il peut l'amender, puisqu'il a le droit de la faire ; il peut, par conséquent, augmenter ou diminuer les crédits, étant bien entendu que ces amendements doivent être, comme dans toute autre loi, acceptés par l'autre Chambre.

Il y a, je le reconnais, dans cette question, une grave difficulté. En matière ordinaire, les conflits se résolvent d'eux-même : si l'on propose une modification à une loi, il faut que cette modification soit votée par l'une et l'autre Chambre. Si l'une la vote, et que l'autre la refuse, la modification tombe et la loi reste. Il n'en est pas de même pour le budget. Le budget est une loi annuelle ; s'il n'est pas voté, il n'y a rien : il faut par conséquent que l'on y pourvoie. Cette difficulté n'est pas d'hier ; elle date du jour où il y a eu deux Chambres votant également le budget. Sous les régimes précédents, grâce à la déférence mutuelle d'une Chambre pour l'autre, jamais il n'y avait eu conflit véritable ; tout se résolvait toujours amiablement. Ce n'est que depuis 1876 que cette difficulté a surgi, et véritablement on peut s'étonner que ce soit alors qu'elle soit née. La Chambre des pairs, sous la Restauration, sous le gouvernement de Juillet, était nommée par le roi ; elle aurait pu ne pas avoir, en matière de lois de finances, un droit égal à celui de la Chambre des députés ; mais, maintenant, le Sénat est issu du suffrage universel tout comme la Chambre des députés. La Chambre affecte de nous appeler « les élus du suffrage restreint », ce qui n'empêche pas les députés, quand une oc-

casion se présente d'entrer au Sénat, soit
dans la section des inamovibles, soit parmi
les sénateurs des départements, de rechercher
volontiers ce mandat ; et, assurément, s'ils
croyaient ne plus relever du suffrage universel et encourir quelque déchéance, ils ne le
feraient pas. Les sénateurs et les députés ont
donc des droits égaux. Je le prouve par cet ar-
gument *ad hominem*.

Le Sénat, comme la Chambre des députés,
est fondé sur le suffrage universel. Il en sort
d'une manière différente.

Quel mode est le meilleur ? Cette question
pourra se présenter quand viendra devant le
Sénat la question du scrutin de liste, proposé
à la Chambre des députés ; laissons-la donc
pour aujourd'hui.

Quoi qu'il en soit, il y a une difficulté à ré-
soudre. Le Gouvernement l'a compris, et il
promet de présenter tout un ensemble de lois
pour y répondre. L'honorable M. Faye, notre
collègue, a exposé, dans la commission, un
système qui a paru très séduisant et qui
pourra être discuté. Mais il est évident que
les lois annoncées par le Gouvernement non
plus que le système de l'honorable M. Faye
ne pourront trouver place dans la Constitution. Ce qui appartient à la Constitution, c'est
d'établir l'égalité des droits du Sénat et de la
Chambre des députés. Cela se trouve dans l'article 8. Il faut donc que nous retenions cet

article. Si vous en abandonnez un seul bout, tout le reste y passera et votre autorité, en matière de finances, sera absolument perdue.

Ne nous faisons pas illusion sur ce que l'on veut en demandant la révision de l'article 8 : ce n'est pas interpréter un texte douteux, c'est abolir un droit certain.

Eh bien, le Sénat n'y consentira pas.

Je n'ai plus qu'un mot à dire sur le paragraphe 3 de l'article 1er de la loi constitutionnelle du 16 juillet, relative aux prières publiques.

Cet article ne se trouvait pas dans le projet de loi présenté par M. Dufaure, il y a été introduit par amendement, et je crois qu'on a eu raison d'accepter cet amendement. Les constitutions ont, par leur nature, un caractère solennel, et il est bon que l'idée religieuse les consacre. La Convention, dans sa Constitution du 5 fructidor an III, avait, dès le début, invoqué l'Être suprême; l'Assemblée constituante de 1848 promulguait son œuvre « en présence de Dieu ».

Je sais qu'il est difficile d'obtenir du Sénat de maintenir dans la Constitution cet article, alors qu'il a donné les mains à ce que l'on effaçât le nom même de Dieu du programme de l'enseignement public. Mais je ne regrette pas moins ce qu'on se propose de faire, parce que j'y vois une sorte d'abjuration.

Si l'article est revisé, je ne vois pas pourquoi on n'irait pas plus loin. C'est moi, ministre des cultes en 1875, qui ai invité les évêques à faire chanter, dans les églises, le *Domine salvam fac rempublicam.* L'article étant supprimé, le ministre actuel des cultes pourra voir s'il ne serait pas conséquent avec lui-même en soumettant aussi cette circulaire à la revision. (Rires au centre et à droite.)

Quand on a parcouru, messieurs, cette liste d'articles à reviser, on peut se demander pourquoi la révision ? On répond qu'elle a été demandée aux élections dernières, et le ministre président du conseil, qui répugnait lui-même à la faire, s'est rendu à cette manifestation; c'est la voix du peuple, *vox populi.*

Je dis que c'est là le pire des plébiscites.

Vous n'ignorez pas comment la question a été suscitée. Il y avait un mot d'ordre, et les candidats, dans leurs circulaires, ont fait des variations sur ce thème, variations telles, qu'il est fort difficile d'en réunir cinquante sur les mêmes points.

Sérieusement, comment prendre les diverses propositions de candidats élus comme votées par les électeurs et exprimant la pensée du pays ?

On demande aux électeurs : Voulez-vous qu'on révise la Constitution ?

— Certainement, ce ne peut être que pour la rendre meilleure.

— Voulez-vous qu'on réforme le Sénat ?

— Oui, oui, réformons le Sénat. Vive la réforme !

Ce ne serait pas la première fois qu'avec ce cri de : Vive la réforme ! on serait allé, sans le savoir et sans le vouloir, à la révolution.

Mais, dit-on, si l'on ne révise pas aujourd'hui, on en demandera davantage aux élections prochaines. C'est une erreur. A la Chambre des députés, l'honorable M. Franck Chauveau l'a, je crois, parfaitement démontré. Si vous ouvrez la porte à la révision si peu que ce soit, on la voudra bientôt toute grande ouverte.

Il serait bon pourtant de savoir jusqu'où vous voulez aller et quel est votre programme ; car, enfin, selon la nature et l'étendue des réformes à opérer, il y a telle ou telle autre manière de procéder.

Que ferait, pensez-vous, un architecte à qui un propriétaire dirait : Ma maison est à remanier, il faut en reprendre les fondations en sous-œuvre ; le second étage me plaît assez, mais le premier est mal distribué, et puis la façade a un air d'ancien régime qui ne me va plus.

L'architecte répondrait : Vous n'avez qu'une chose à faire de votre maison : jetez-la par terre et bâtissez-en une autre.

Eh bien ! moi aussi, messieurs, je vous dis : Si vous voulez toucher à la Constitution dans ses œuvres vives, dans les rapports des deux

Chambres, dans l'organisation et les attributions du Sénat, ce n'est pas par des retouch s au Congrès qu'il la faut remanier : Jetez-la par terre et faites-en une autre ; mais pour cela il faut une Assemblée constituante... (Très bien ! à droite et sur quelques bancs à gauche.) Elle seule pourra arrêter avec maturité et avec suite le plan et tout l'ensemble d'une nouvelle constitution.

M. Audren de Kerdrel. Vous avez raison ; au moins, c'est honnête et franc.

M. Wallon. C'est comme cela que la question doit être posée aux élections prochaines. Mais, si la question est posée ainsi, et elle ne peut pas l'être autrement, je crois bien que les révisionnistes n'auront pas gain de cause. Quand ils diront : Il faut remanier la Constitution! Mais le Sénat ne veut pas aller dans un Congrès où il sera un contre deux ; il n'y a donc de révision possible qu'avec une Assemblée constituante. Le maître du logis, qui est quelqu'un de bon sens, dira : J'aime encore mieux garder ma maison.

Je conclus. Dans la situation présente, la révision me paraît impolitique. Quand bien même toutes les modifications qu'on propose seraient des améliorations, je dis qu'il y aurait à y regarder à deux fois. J'en puis parler avec impartialité, car la révision est prévue par un article de la loi du 25 février 1875. Dans les termes où l'on se propose de la faire, assurément on ne détruit pas la Constitution, on ne fait que la mettre en pratique. Mais il y a dans la Constitution des articles dont il n'est pas bon de se servir à toute occasion. Il y a aussi dans la loi du 25 février l'article de la dissolution. On s'en est servi — bien contre mon avis — au 16 mai; on a eu lieu de s'en repentir. Eh bien, je crois qu'il en sera de même de la révision. Si vous en usez à votre tour, ce sera à votre grand dommage.

En effet, que reproche-t-on surtout au Gouvernement républicain ? C'est son instabilité. Et comment répondez-vous à ce reproche ? En portant la main sur votre pacte fondamental ! La Constitution qui nous régit a bientôt dix ans; c'est assurément la plus âgée des constitutions républicaines qui ait jamais vécu en France; si elle avait quinze ans, vingt ans, autant que la Restauration, le Gouvernement de Juillet ou l'Empire, elle pourrait vous donner (Rumeurs sur divers bancs) une bien meilleure posture, comme on dit, devant les régimes qui vous ont précédés. Mais vous aimez mieux la reviser. Pourquoi faire? Pour y écrire dans quelque coin que la République est impérissable !

J'ai dit que cette révision me paraît impolitique. J'ajoute qu'elle est dangereuse. Vous allez au Congrès quand vous n'êtes pas d'accord avec la Chambre des députés sur les droits du Congrès, quand vous prétendez que la révision doit être nécessairement limitée aux articles que vous lui soumettez, et quand la Chambre n'a pas voulu accepter la discussion sur ce point.

M. Jules Ferry, *président du conseil, ministre des affaires étrangères.* Au contraire, elle s'est prononcée expressément sur ce point.

M. Wallon. En fait, sans doute, mais pas en droit.

M. le président du conseil. Elle a émis neuf votes successifs sur les points à reviser.

M. Wallon. Et pourquoi donc alors, à propos de l'article 8, puisque cette question est controversée, puisqu'elle a paru obscure dans le texte, pourquoi n'avez-vous pas soumis à la Chambre des députés une rédaction qui la tranchât? Parce que vous étiez sûr d'être battu. Parce que, vous étiez sûr que si vous lui aviez posé cette question : « Le Congrès est-il souverain ou non? » elle aurait répondu : « Le Congrès est souverain ».

Je demande, dans cette situation, que fera le Président si le Congrès dépasse les limites qui lui sont marquées? Il sait bien, lui, ce qu'il fera, il connaît son droit, son devoir; il n'y faillira pas. Il n'est pas désarmé. Il a la question préalable ; il peut lever la séance ; il peut clore la session ; il peut s'en aller. Mais si l'Assemblée reste? Alors c'est une Assemblée révolutionnaire, ce n'est plus le Congrès. Et M. le président du conseil a déclaré que, devant la révolution, il était désarmé.

Eh bien, je dis que, dans ce cas-là, la sagesse commande de ne pas s'y exposer. (Très bien ! très bien ! à droite.)

Je ne crois pas que la Chambre actuelle soit d'humeur à se mettre en révolution ; mais il y a des révolutionnaires dans son sein ; il y en a, au dehors, qui n'attendent qu'un cri de bataille. Et vous iriez, sans nécessité, pour des vétilles, car j'appelle ainsi les différences qu'il y a entre votre projet de révision et ce qui est dans la Constitution, vous iriez susciter des débats violents, qui peuvent avoir de si funestes retentissements au dehors ! Non, la nation ne veut pas de cette révision-là. Elle s'est soutenue au milieu des périls, des aberrations de votre politique, grâce à l'équilibre des deux Chambres ; elle tient aux deux Chambres et elle n'entend pas que leur autorité puisse en aucune sorte être diminuée. C'est l'une de ces Chambres, c'est le Sénat qui est l'unique objet de la révision, et ce n'est pas sans raison qu'on l'attaque ; car le Sénat est le câble qui retient la République sur cette pente où le parti révolutionnaire veut l'entraîner. (Très bien ! très bien ! à droite.)

Pour cette fois, on ne veut que diminuer les attributions du Sénat, — le Gouvernement prétend que cela le fortifiera, c'est vraiment inouï ! — c'est la première étape ; à la deuxième étape, on le supprimera.

Vous aurez donc une Chambre unique, et il n'est pas besoin de chercher ce que deviendra alors le Président de la République. Etre dictateur ou n'être pas! Assurément, il ne sera pas dictateur. Vous en arriverez donc à bref délai à la Convention ou à la Commune, qui est la pire forme de la Convention.

On fait appel, messieurs, à notre patriotisme. C'est aussi notre patriotisme qui répond. Non, ce ne sont pas les intérêts du Sénat, ce n'est pas un intérêt de corps que nous défendons ici; c'est l'intérêt public...

M. Buffet. Très bien !

M. Wallon ... car l'intérêt public veut que le Sénat reste fort.

J'espère donc, messieurs, que vous repousserez le projet de révision. (Très bien ! très bien ! et applaudissements à droite et au centre.)

(L'orateur, en retournant à son banc, est félicité par un certain nombre de ses collègues.)

Imprimerie du *Journal officiel*, quai Voltaire, 31.